Einzig dieser Moment

Gedichte und philosophische Poesie

Eduard Preis

Dorante Edition

Ein Geburtstagsspruch

Richard Lohse (an Eduard Preis)

„Was in unserem Herzen leuchtet
kann die Dunkelheit nicht erreichen."

Einzig dieser Moment

Gedichte und philosophische Poesie

Eduard Preis

Bibliografische Information durch die Deutsche Nationalbibliothek: Die Deutsche Nationalbibliothek verzeichnet diese Publikation in der Deutschen Nationalbibliografie; detaillierte bibliografische Daten sind im Internet über http://dnb.d-nb.de abrufbar.

Herausgegeben durch das Literaturpodium, Dorante Edition
Berlin 2020, www.literaturpodium.de
ISBN 9783751936071

Motiv auf der Vorderseite: Peter Zacharias

Peter Zacharias 1940 geboren, tourte als Seemann und Straßenmaler durch Europa, Südamerika, den Nahen Osten und Asien, bevor er 35 Jahre in Sri Lanka als buddhistischer Mönch lebte. Er hatte Ausstellungen in Deutschland, in der Schweiz, Sri Lanka, Indien etc. Heute lebt er in Rathenow.

Herstellung und Verlag: BoD – Books on Demand, Norderstedt

Die Ganzheit

Alles

„Werden" oder „Sein"?!? -
Transformationspotential -
Alles und Nichts - [S]EIN[S].

Connected

„Hey :)" (22:15)
„What's up?" (22:16)
„How are you?" (22:19)

„Hey."
„Thank you."
„I'm ok."
„Just looking up trash online."

„And you?" (22:25)
Thumbup (22:25)
„Me too ;)" (22:25)

„Cool, see you!" (22:30)

„See you!" (22:30)
I need you ...

...

I miss you ...
... ...

I love you ...

How could be this truth?

Verbunden

„Hey :)" (22:15)
„Na, was geht?" (22:16)
„:D" (22:16)
„Wie geht's?" (22:19)

„Hey" (22:24)
„:)" (22:24)
„Ah ..." (22:25)
„Alles gut"(22:25)
„Danke"(22:25)
„Bin am Facebook checken" (22:25)
„Und du?" (22:25)

Thumbup (22:25)
„Ich auch ;)" (22:25)

„Cool, man sieht sich!" (22:30)

„Man sieht sich!" (22:30)
Ich brauche dich ...

...

Ich vermisse dich ...
... ...

Ich liebe dich ...

Warum gibt's das wirklich?

Das Seelenschiff

Den Bug zur See - die Reise beginnt!
Auch wenn alles zu Ende scheint.
Das Schiff bereit - der Stein gesetzt.
Auf geht's - Himmelwärts.
Die See:
- erneut verloren?
Die Suche nach Odins Methalle - Walhall!
Zielloses Fahren.
Drohen der Seele hier noch Gefahren?
...
„Reise, Reise" -
...
langsam schwindet auch die Mannschaft
- und erneut: Einsamkeit umwölbt mich.
Verloren scheine ich, einzig auf der See zu irren.
Ähnlich wie des Menschen Lebens-Wirren!

Land?
Komme ich endlich an ...

Der ewige Strich

Ich setze den Stift irgendwo aufs Blatt
- ein Punkt.
Ich bin gesetzt!
Die Schöpfung aus dem Nichts
und doch ist's und bleibt die altbekannt' Materie.
Der Punkt gerät nun in Bewegung
- mal auf, mal ab ziehe ich den Strich.
Kenne den Weg
- das Kunstwerk, selber nicht.
Ein ewiger Prozess
- ich reiße meine Hand nach unten
und weiß doch gar nicht wo das ist.
Links, rechts
- gibt's hier eine Relation?
Ich weiß es nicht
- ich bin gesetzt und schweife hier.
Ich fliege, falle - bin.
Unaufhörlich zieht sich jener Strich durch's Land
- die Fassetten um mich rum, sie wechseln sich,
so als ob seien sie nur Tapeten.
Nein - ein weißes Blatt stelle ich mir vor.
Unbemalt ist's da und plötzlich ist es voll von mir!
Das Blatt ist beinah schwarz
- nicht dunkel - voll Erinnerung.
Der Stift kommt langsam immer mehr zur Ruhe.
Kaum Platz, ich kehre wieder zurück zum alten Punkt
- verschwinde und bin doch im Mittelpunkt.
Der Kreis hat sich geschlossen
- das Blatt wird langsam wieder weiß
und plötzlich knüpf ich an - bin wieder da!
Die alten Spuren fast verblasst
- frei und doch aus derselben Masse -
erhebt, bewegt sich plötzlich jener Strich erneut.
Die Seele wandert
- ewig -

setzt sich neu und zieht gleich jenem Punkt,
der plötzlich in Bewegung kommt, seine Kreise immer weiter
- das Blatt und jene Welt auch sie sind, immer wieder neu
und doch dem Stift auf ewig Treu.

Bezug

Er besteht aus drei Komponenten
Einer Aussage - P
Dem Junktor - ^
Einer Aussage - Q
Zumal auch einer Negation in Form von - ¬

Unendliche Relationen:
Mensch ist nicht Tier
Mensch ist nicht Insekt
Mensch ist nicht Bakterium
Alles Lebensformen

Unendliche Kombinationen:
Morgen ist nicht Abend
Tag ist nicht Nacht
Leben ist nicht Tod
Sein ist nicht Werden
Alles Antonyme

Unendliche Kompositionen:
Gestein ist nicht Holz
Holz ist nicht Metall
Metall ist nicht Fleisch
Fleisch ist nicht Gestein
Alles Materie

Bezüge lassen wir entstehen
Viele bestehen auch ohne unser Mitgeschehen
Vieles lässt sich verbinden
Doch kaum etwas kann man entbinden
Ein Bezug sagt bereits alles
Ein Bezug sagt bereits nichts

Discourse

A discourse starts
With a stance, trust and a
Part of my own soul.

I open my mind.
Expressing my thoughts, ideas,

Create who I am.

You interpret my
Stance, try to
understand.
Evaluate it.

Misinterpreted
It. I will explain myself,
My stance again.

Communication
Is interaction: act - react

Unpredictable.

Dynamic, like
Water and of
Essential like a breath of air.

Easy?
No, complex.
Look at: context, society
Me and yourself.

The influence on
And between:
Actors, me, you

And world
- Our constructs.

Can we align on
Something, do we share
Same positions?

What is coming next?
Your stance - pro or against.
And how will I react?

Actually we
Set and create world through
This - our - discourse.

Determined by
The Frame:
we, you and me
And the whole world.

Set everything:
Borders, differences and
Prejudice just
As love, hate,
And even what I try to
Explain and portray.

Dikurs

Ein Diskurs beginnt:
die Evalutaion,
eines Gedanken
mit dem Vertrauen
und einem innig gebundenen Teil
des Selbst

Ein Öffnen der Seele
der Ausruck meiner Gedanken, Ideen
Ich kreiere Es, Mich und die Welt

Du evaluierst, interpretierst dies,
- die meine Position -
versucht zu verstehen
Möchtest, oder willst
es jedoch nicht einsehen
Ich versuche mich
- die meine Position -
nochmal zu erzählen
sowie zu erklären,
denn Kommunikation
heißt Interaktion: Aktion - Reaktion

Eine Dynamik, gleich
dem Wasser und der Essenz
Ein Atemzug:
den Wir nehmen tief in uns
hinein, von dem Wir sind
kurzfristig ein Teil
Ebenso wie die Luft zu einem Teil von Uns wird

Ob's leicht ist - fragst du?
Das niemals, jedoch komplex
Schau nur: der Kontext,
die Gesellschaft, Du und Ich

16

All dieser Einfluss und dazwischen:
Wir - Akteure, Ich, Du,
die Welt - unser Konsturkt.

Wie können wir uns ausrichten?
Eine Position vielleicht,
die wir gemeinsam teilen?

Doch was kommt wohl als Nächstes?
Dein Positionierung -
Meine Evaluation
Der eine Pro, der andere Con.

Doch tatsächlich setzten, schaffen
Ja kreieren wir dadurch doch erst
uns – die Welt und den Diskurs.

Determiniert durch
gesellschaftliche
Konnotation:
Wir, Du und Ich
- Die Welt -

Setzt alles:

Grenzen,
Unterschiede,
Voruteile
Ebenso wie:
Liebe,
Hass,
Und ja:
selbst dies Gedicht
und den Diskurs

Diskurs II

Du - Ich
Eine Relation
Identifikation
Eine Konstruktion
Interaktion
Eine Position
Ich – Du

Stance

A stance in- and excludes
more than content,
it composes actors.
Just as actors create themself
through their own choice of words
and stances.

This stances refer
to our world -
to our ideas and thoughts -
to our experience, memories -
to our faith and constructs -
to our self -

A stance ex- and includes
more than actors,
it composes worlds.
Just as those worlds
create the frame for all our Being.
Set all the objects, we can fulfil with meaning.

A stance decides between: to or not to be!

Position

Eine Position in- und exkludiert
mehr als nur den Kontext,
mehr als den Gehalt,
sie konstruiert, sie setzt den Akteur erst.
Ebenso wie der Akteur sich selber schafft
durch jene Wahl der Worte, seine Positionen.

So referiert der Standpunkt
doch zu unserer Welt -
zu unseren Ideen und Gedanken
an unsere Erfahrung, unsere Erinnerung -
an unseren Glauben, unsere Konstrukte -
er referiert auf uns selbst.

Eine Position in- und exkludiert
mehr als nur den Akteur selbst,
es konstruiert die ganzen Welten.
Gleich diesen Welten
erschafft es jenen Rahmen, jene Blase
in der wir uns selbst auf ewiglich verdammt bewegen
sie setzt jedes Objekt, das wir mit Sinn befüllen

Eine Position ist gleich dem Richterschwert:
Sein, oder nicht Sein!

Discourse III

Intraconnection. | A
It set itself's essence. | A $\rightarrow$ A
Interconnection. | B
Essences: act - react - discuss. | ((C=B) = (B1 + B2 + B3)

- world - me - world - you - world - we - world - | D
| A+ (B1+B+B3) -> D

Diskurs III

Innere Verbundenheit. | A
Sie setzt durch sich selbst ihre Existenz. | A → A
äußere Verbundenheit. | B
Ihre Essenz: Handlung - Reaktion - Diskussion. | ((C=B) = (B1
+ B2 + B3)

- Welt - Ich - Welt - Du - Welt - Wir - Welt - | D
| A+ (B1+B+B3) -> D

Einheit

Freiheit - Gefangenheit.
Position - Negation.
Alles einzeln nur eine -
abstrakte Klassifikation, -
die setzt nichts in Relation.

Reduziert auf nur einen Teil von sich
selbst, verliert sich das Bild. Kann jedoch
existieren,

Durch das Distanzieren,
Durch das Differenzieren,
Durch das Negieren,
Durch das Reflektieren,
Durch das sich selbst Definieren?!
Dies kann Verwirren.

Doch wo das Licht ist, dort ist auch der
Schatten. Das Licht ist die Abwesenheit
des Daseins - vom nicht Licht.

So formt es nun dieses Gedicht.
Licht und Nichtlicht.
Ich und Nichtich.
Das sehe ich, das spüre ich
- das Licht!
- mich!

Doch was ist es, was bin „Ich"?
Eine Einheit?
Freilich - allein - nein.

Denn zum Licht gibt's auch dich - Nichtlicht,
- genauso wie beim Ich, dich - Nichtich.
- Ich weiß wer ich bin und wer nicht.

Doch mit diesen Negationen stehen nicht die Konklusionen.

Es fehlt der Schritt der Einheit -
der Gleichheit.
Das Licht ist auch das Nichtlicht - genauso wie
ich auch ein Teil des Nichtich bin.
Beides steht in notwendiger Relation.
Nicht allein die Negation,
Nicht alleine die Substitution,
Nicht allein die Reflexion,
Nicht allein die Definition,
Schafft die gemeinsame diese Kombination.

Die Einheit bildet die Konklusion, ebenso wie auch
ich werde geformt mit und durch die meine
Negation. Sowie das Licht, nur wird, wenn es steht
mit den Nicht in Korrelation und ergibt am Ende
die Einheit in ihrer Gesamtheit, der Konklusion.

Freilich - interessante Interpretation.

[Frei nach Hegels Definition]

Raum

Ich richte mein Zimmer ein:
erschaffe ein Fenster,
baue eine Tür,
tapeziere die Wände,
verlege Parkett.
Eine Klingel,
ein Tisch,
ein paar Stühle und Licht
dürfen nicht fehlen!

Doch es bedarf mehr um zu überleben:
mehr Raum
- eine Küche,
ein Bad,
WC,
Bett,
Heizung,
Strom,
Wasser.
Fast glücklich bin ich mit dem Allernötigstem.

Nun kommt der Luxus hinzu:
hier ein Bild,
dort ein Teppich und die Blume
darf ebenfalls nicht fehlen!
Ein Wandschrank,
der Zeitungstisch und natürlich der Fernseher,
wobei mir der Rechner doch schon wieder lieber ist.

Ich richte mein Zimmer ein:
blicke auf die Welt
- ertaste durch meine Füße, Hände den Boden,
erhöre die Töne, erschmecke das alles.
Sortierte, verschiebe, verstellte, verstehe und begreife:
ich konstruierte die Welt, konstruiere mich selbst.
Werde geschaffen und schaffe zugleich

Beginn zu begreifen, wen, was ich dort sehe:
Mensch,
Tier,
Ding
- ein Fenster,
eine Tür,
Wände.
Erspüre das Parkett unter mir.
Schmecke den Sand und das Salzwasser.
Höre das Leben kommen und gehen.

Ich richte mein Zimmer ein:
Idee, um Idee erweitert, entfremdet es sich.
Ein dunkles Abbild entsteht
- die kindliche (Un-)Klarheit vergeht.
Vermeintliches Wissen besteht
- indoktriniert, modifiziert.
Der Mensch ist nämlich nun definiert?
- Homo sapiens, oder doch eher ein Pan?
Das Tier ist dieses Konstruktes nicht fähig?
Ein Ding, lass es ein Berg sein:
lässt sich nicht manipulieren?
Ob ich die alten, morschen Dielen restaurieren,
oder einfach ersetzen sollte?
Der Sand und das Salzwasser schmecken immer noch gleich ...
Das Gehör wird jedoch taub mit der Zeit.

Raum ist und bleibt ein Konstrukt
nicht unbedingt der Zeit,
sondern unserer eigenen Eigenheit.

Augen

Ich schließe die Augen und beginne zu sehen
Sehne, fühle, spüre, bin:
Vollkommen angekommen im Moment

Öffne sie ganz langsam
Der Zauber verfliegt
Ungesehene Tränen
Die schweigend versiegen

Das Gefühl mit der ganzen Seele zu lieben
Von diesem Augenblick nie genug kriegen
Der Tiefe einer unsichtbaren Verbindung erliegen
Ein realer Traum -
Im Zwischenraum

Ich hier - mit dir auf der Welt
Zugleich nicht
Im Äther vereint
Sehen die Seelen - unendliche Einheit

Zeit

„[...] jedes Gestern [ist]
nur die Erinnerung
und jedes Morgen
nur Traum des Heutigen [...]"
- Khalil, Gibran (2006):
Der Prophet. Köln: Anaconda Verlag, S. 62.

Wo leben und bewegen wir uns?
- In einer Zeit des Vergessens, des Strebens
- In einer Zeit des Erinnerns, des Besinnens
Einem individuellen Konstrukt
Hier verrinnt und gefriert alles auf Wunsch
- doch bleibt es entweder vor, oder hinter uns

In einem Raum von uns geschaffen, bestimmt.
Wird geformt und genormt,
mit jeden Gedanken entsteht und vergeht er
immer und immer wieder aufs Neue.

Welt

Ich schließe die Augen
Eine Welt öffnet sich mir

Ich werde eingeladen
Lichtspiele, Bilder, Schemen
Zeichnen sich ab, verblassen
Räume entstehen, Räume vergehen
Ein Zerren ist sinnlos, alles entschwindet
Das Lösen, das Lassen bringt alles wieder hervor

Ich spüre die Energie in mir fließen
Der Körper, glüht, verbrennt
Kühlt ab - wandelt sich
Beständig bin ich immer noch ich
Die Welt jedoch nicht
Sie zeigt sich unvergleichlich
Spricht, agiert, reagiert

Ich öffne die Augen
Eine Welt verschließt sich vor mir

angelic and devilish

the angelic:
have the light inside
surrounded by the darkness
start the fight against the never ending night

the devilish:
have the darkness right inside
their heart
observe and exploit the goodness of all kinds
unable to return a little piece of this holy light

each try to modify the world of black and white
into something undefined

engelsgleich und teuflisch

das teuflische:
trägt die finstenis in sich
und seinem herzen
es absorbiert, saugt
jede art des lichts,
aus etwas gutem aus
denn es kennt einzig
den unstillbaren schmaus
und ist des gebens gar nicht fähig

das engelsgleiche:
hegt ein licht in sich
und ist von finsternis umgeben
und beginnt den kampf
gegen die unendlichkeit der dunkelheit

das schwarz und weiß der welt
versucht ein jeder zu verändern:
in etwas - unerkennbares

Immanation

Ich setze dich - erschaffe, erwecke
mich zum Leben!

Denn ich verstehe deine Seele
- schaff' es dir etwas von mir zu geb'n.
Nein, es gleich vielmehr - demselben Streben.

- Gemeinsames Erleben -
Ein intellektuelles - transzendenteles Verweben.
Ineinander schweben.
Durch jeweils den Anderen erst bestehen.
Gemeinsames verstehen -
vergehen.

Olympos IV

Ich als Ich: „Wie es wohl wäre dort oben zu sein?
Mit den Göttern zu speisen?"

Ich als allwissender Gott: „Wie es wohl
wäre dort unten zu sein? Mit den
Menschen zu speisen?"

Ich als Erzähler: „Wie der eine und der
andere einander doch ähneln! Und doch
eigentlich nur speisen wollen."

(Olympos bei Dion, Griechenland)

Janus

Leben - Tod
Tag - Nacht
Sein - Nichtsein
Nicht zwei, sondern ein
Wenn der Dezember ist mal wieder vorbei
Dann beherrscht Janus die Zeit
Ein Blick in die Vergangenheit
Ein Blick ins kommende Reich
Natürlich - Künstlich
Liebe - Hass
Glück - Unglück

Das Spektrum zwischen den Relation'n
die Differenz - ist die Definition
und nicht die Negation
Denn beides ist punktuelle Kulmination -
in sich selbst ewig bewegender Rotation

Reichtum - Armut
Gesundheit - Krankheit
Lust - Unlust

Ein Kreislauf
ununterbrochen -
niemals durchbrochen
und dennoch in sich gebrochen

Konkomitanz - totus Christus

Alles ist miteinander verbunden!
Ein Teil von mir;
Ein Teil von dir;
Alles und Nichts von dem Hier! Ist aneinander
gebunden - durch unsichtbare, göttliche-natürliche-
transzendentale Fäden miteinander verwrungen.

Alles ist miteinander verbunden!
Ein Teil von Gott;
Ein Teil vom Tod;
Alles und Nichts von dem
Hier! Ist Teil eines Kreises der
sich unaufhörlich bewegt - auf
seiner Reise.

Der überschlägt alle rationale Art und Weise und
dennoch steht ganz leise in
seinem eigenen Gleise.

Alles ist miteinander verbunden!
Ein Teil vom Atom;
Ein Teil vom Kondom;
Alles und Nichts von dem
Hier! Eine göttliche
- Alles und Nichts umfassende - Präsenz
umspannt diese Welt.
Niemand und Jeder
ist der eigene
und des nächsten sein
(christlicher - Jesus -) Held!
Denn es ist nicht einzig deine,
sondern unserer aller Lebewesen
und gewesenen Wesen
- und (nicht) wesenden - Welt!

Gott findet sich nicht im Reellen (?) -
schweigt, bleibt Transzendental - kannst
du nicht auf dich selbst niedersehen und es
endlich verstehen!

Alles ist miteinander verbunden!

Glaube

Ein Gefühl der Wärme
Bedingungslosen Vertrauens
Das etwas an sich ist
Unbeschreiblich der Weg
Doch das Ziel
- unverkennbar, unbeirrbar erscheint es vor mir

Entscheiden - essentielles - irrational -
- rationales - essentielles - Entscheiden

Ein unbewegtes uns bewegendes Gespür
aus der Tiefe unserer Natur
Alles Teil einer gewordenen Kultur,
Alles Sein einer bestimmenden Weltuhr

Wohl beides zugleich
- irgendwo zwischen den Reichen

Glaube II

Etwas wirkt durch sein Wirken
und ich wirke Es.

Leiermann

Ein ewig-traurig Lied
Das stimmt er an
Unser aller Leiermann

Ton um Ton gesetzt
In uns hinein geschrieben:
So viele Kinder wirst du kriegen
Heute wirst du wohl noch siegen
Doch was wird man morgen kriegen
Als all die Noten schwiegen
Die Seele fand für einen Augenblick nun ihren Frieden
Soll sie erneut auf Erden singen

Ein ewig-traurig Lied
Das stimmt er an
Unser aller Leiermann

Ungehört
- ganz leise Melodien -
Ein Auftakt
Ein Hoch
Ein Tief
Ein Tief
Ein Hoch
Ein Ende

Der ewige Fluch der unveränderbaren Veränderungen
Er durchdringt, er leitet uns
- hypnotisiert, verwirrt: (un-)freiwillige Gefangenschaft
(K)ein Licht, nur Schatten - Dunkelheit
Waren, sind, oder werden wir noch „frei"
- nach all der Leierei
- oder, wenn unser Lied ist erneut vorbei
- ja - nein - vielleicht
- ist es nicht einerlei -
Das Lied es bleibt doch niemals und doch immer gleich:

Ein Auftakt
Ein Hoch
Ein Tief
Ein Tief
Ein Hoch
Ein Ende

Ein ewig-traurig Lied
Das stimmt er an
Unser aller Leiermann

Lebenslauf

„So durchlaufe ich des Lebens Bogen
und kehre, woher ich kam"

Gespannt werden wir von höheren Mächten
Der Versuch sich loszureißen,
endet im ewigen Kreis
Was passiert, wenn das Innere wird nach Außen gestölpt - und das
Äußere nach Innen kommt

Wird der Mensch dann ge- oder doch nur verformt?
äußere Vielschichtigkeit - innere Einsamkeit
äußere Einsamkeit
- innere Vielschichtigkeit

Was wird aus Liebe?
Was wird aus Leid?
Nimmt die Liebe zu - sinkt das Leid
Nimmt das Leid zu - sinkt die Liebe
Nimmt das Leid zu - steigert sich die Liebe
Nimmt die Liebe zu - steigert sich das Leid

Gespannt werden wir von höheren Mächten
Der Versuch sich loszureißen,
endet im ewigen Kreis
„So durchlaufe ich des Lebens Bogen und kehre,
woher ich kam."

- Anno Hölderlin, Lebenslauf

Die Fahrt

Du setzt dich und schießt die Augen
- alles kommt kurz zur Ruhe.
Doch die Fahrt beginnt nun erst:
Es geht in einen selbst hinein
- Fragmente, Fetzen von Erinnerungen,
Bilder, Farben tauchen vor dir auf.
Ein Buch manifestiert sich
- brennt sich für einen Augenblick ein
- vorbei.
Ich's sah's noch nie zuvor.
Wessen Erinnerung war dies?
Ungewiss.
Skepsis?
Gewiss, doch du fährst weiter in dich
und erblickst ganz plötzlich was du willst,
was du bist, warst und nie werden wolltest.
Die Dunkelheit ist diesmal farbenfroh - umschlingt
und zeigt dir selbst was du nicht sehen willst
und dennoch immer wieder unbewusst verdrängst.
Die Fahrt wird dir zu schnell, zu wild, zu viel
und du hälst an
- versuchst zu bremsen,
doch du bist einzig ein Beifahrer,
gesteuert und gelenkt
- klickst dich aus
und denkst du steigst aus:
du machst die Augen auf.

Air pollution

We are chasing a gost
- not only in Europe -
The whole world is the host
- some people have hope -

Some already slowly died
While the world doesn't sleeps
And things happen in real time
We still questioning:
if there's really a reason to cry,
or was is another reason they died

Each action produce a reaction

Using a car, eating meat,
especially the everyday stuff: energy
Is a the hugest robbery of our time

Our actions - transformations - modifications
- influence not only the air
Since everything is interconnected
we are hunting, destroying the lifehood of ourselves,
all animals and all the holyness we might have

Luftverschmutzung

Wir jagen einen Geist
- und das nicht nur in Europa -
Die ganze Welt wird dieses mal zur Bühne
- nur noch wenige Akteure tragen Hoffnung -

Einige sind bereits dahingesiecht
Während die, unsere, Welt nicht schläft
und sich beständig dreht
Fragen wir uns von Zeit zu Zeit
und doch immer wieder:
Ob's wahrlich einen Grund gibt für dieses Leid,
Oder ein anderer Grund muss doch herbei

Jede Aktion zieht eine Reaktion nach sich

Sei's nun das Autofahren, Fleischverzehr
oder ganz simpel etwas Alltägliches:
Der Strom und unsere Energie
Ein Diebstahl - doch zu welchem Preis

Unsere Aktionen - Transformationen - Modifikationen
beeinflussen nicht nur die Luft
Schon ewiglich ist alles doch verbunden
Wir jagen, und zerstören unsere
Lebensgrundlage doch nur selbst
Die ganze Tierwelt, doch auch
Alles, was für uns als heilig zählt

Dream

I fell asleep
My body's here
- my soul's gone

Am I aware of the real world?

I wake up in this dream:
The world's here
- my body's gone

Am I aware of the real world?

I know I lay right in my bed
The body's liv'ng - dead - again -
- who's still there and where?

Am I aware of the real world?

I fell asleep
My soul's here
- my body's gone

Am I aware of the real world?

I wake up in this world:
The dream's here
- my soul's gone

Am I aware of the real world?

Traum

Ein Bewusstseinsort

Ich schlafe ein
Mein Körper hier
- die Seele fort

Ein Bewusstseinsort
Die Welt - Eine Realität?

Ich erwache in meinem Traum:
Die Welt ist da
- mein Körper fort

Ein Bewusstseinsort
Die Welt - Eine Realität?

Ich weiß doch ich lieg gerade in meinem Bett
Der Körper lebt - tot - wieder -
- wer ist noch dort, wer bereits hier?

Ein Bewusstseinsort
Die Welt - Eine Realität?

Ich schlafe ein
Meine Seele hier,
- der Körper fort

Ein Bewusstseinsort
Die Welt - Eine Realität?

Ich erwache in einer Welt:
Der Traum ist da
- die Seele fort

Ein Bewusstseinsort
Die Welt - Eine Realität?

Schöpfende Negation

Dies ist kein Gedicht.
Es schöpft nicht, zeigt nicht, lässt dich nichts fühlen,
lehrt dich nicht,
sagt nichts, sieht nichts, hört nichts,
schmeckt nichts, versteht nichts.
Ist Nichts.

Was ist es dann?

Dies ist ein Gedicht.
Es schöpft, zeigt, lässt dich fühlen, belehrt dich.
Sagt alles, sieht alles, hört alles, schmeckt alles, versteht alles.
Es ist.

Man betrachte keinen Tisch.

Dies ist kein Tisch.
Er hat weder vier Beine, noch eine Platte oben drauf.
Es steht auch nichts drauf.
Er ist es nicht.

Nun betrachte man einen Tisch.

Dies ist ein Tisch.
Er hat vier Beine und eine Plate oben drauf
und es steht auch etwas drauf.
Er ist es.

Betrachte nicht dich.

Dies bist nicht du.
Dies ist nicht dein Gesicht, nicht deine Augen, nicht deine Ohren,
nicht dein Mund, nicht deine Hände und nicht deine Finger.
Nicht deine Beine und nicht deine Seele.
Dies bist nicht du!

Betrachte dich.

Dies bist du.
Dies ist dein Gesicht, deine Augen, deine Ohren,
dein Mund, deine Hände, deine Finger. Deine Beine, deine Seele.
Dies bist du!

Abschließend betrachte nicht den Schluss
und nicht die Unendlichkeit.

Dies ist kein Schluss.
Dies ist nicht das Ende. Doch wann ist es vorbei? -
Dies war kein Gedicht, kein Tisch und auch nicht du -
so fragst du dich erneut, was ist es nun?
Gewiss ist es nicht die Unendlichkeit, die auch nie würde obliegen
einer negativ schöpfenden Tätigkeit.
Doch noch ist's nicht vorbei.

Sei dies ein Schluss, sei dies Unendlichkeit.

Dies ist ein Schluss.
Dies ist das Ende. Nun ist es vorbei. -
Dies war ein Gedicht, ein Tisch und ja auch du - so fragst du dich
erneut, was ist es nun? Gewiss ist's die Unendlichkeit, die auch
obliegt einer negativ schöpfenden Tätigkeit.

Doch nun sei es vorbei.

Sachzwänge

Eine Abhängigkeit - eine Verbindung entsteht
Ob man sie will, oder nicht, sie besteht
bestimmt uns, unser Handeln:
wir tun es nicht um des Vergnügens
- unserer, oder anderer Menschen Willen
- sondern um der Materie, ihrer Funktion

Wir sind abhängig davon!

Besitz verpflichtet uns ihm gegenüber
Bindet uns gleich dem Strom,
der Infrastruktur,
dem Internet im Fall unseres PC's
und Smartphone ans Netzwerk
Lässt uns Teil werden davon
und wir werden zu einem Teil seiner
ebenso sehr wie wir unsere Freiheiten aufgeben
- ebenso sehr werden sich die Sachzwänge über uns erheben

Sollten Menschen nicht eher Herr über ihre Sachen sein
- als das wir uns selbst verdammen in die ihre Sklaverei?!

„The soul - an Elysium of darkness want to be a star,
But did the stars know about her earthbound loneliness?
They glow a million years, might be,
because, There is no talk about in hidden dark.

But, maybe, in the dark of the night, in the earthen glow
A star wants to became a soul, embedded in a summer day,
And in the cold infinity, in between the spaces dark,
It is ready for the darkness hug, to be mortal, just as we are."

- Александр Кушнер (2013): Вечерний свет. St. Petersburg.
(translated from Russian into English by Eduard Preis)

„Die Seele - ein Elysium der Dunkelheit,
das so gerne eine Stern wäre,
Doch was wissen schon die Sterne
über die erdverbundene Einsamkeit?
Sie leuchten millionen Jahre, vielleicht
spricht man dort - in jener Dunkelheit - ja nicht darüber.

Doch, vielleicht, in der tiefsten Dunkelheit der Nacht
und ihrem Mondschein
Wenn ein Stern zur Seele werden will,
eingelullt in des Sommers Tag,
und zugleich gebunden durch die Kälte einer Ewigkeit,
irgendwo zwischen der Unendlichkeit der Finsternis.
Ist er bereit für die Umarmung jener Dunkelheit,
um sterblich - und uns gleich - zu sein."

- Александр Кушнер (2013): Вечерний свет. St. Petersburg.
(Eine sinngemäße Übersetzung aus dem Russischen ins Deutsche
von Eduard Preis)

Augenblicke des Herzens

We see each other - just this moment:
how you see:
- my smile and you recognise:
- me
- your eyes are following
- and found mine I see:
- your surprise
- your smile
- your golden hair- blue eyes And I feel:
- happy
- free
Only one, two, three seconds -
full of you and me
- and the moment find an end.

                                    I moved on - are still there?

Wir sehen uns - einzig dieser Moment:
Wie du erblickst:
- mein Lächeln und mich
erkennst:

- mich
- wie deine Augen mich verfolgen
- und die meinen finden

Erkenne ich:
- deine Überraschung
- diese Lächeln
- und dein blondes Haar
- die blauen Augen ...
Und ich fühle:
- Freude
- Freiheit

Nur für ein, oder zwei Sekunden
 - die voll von uns gefüllt sind -
und dann schwinden.

                    Ich ziehe weiter - bist du noch da?

Beseelung

Mein Abbild - ein Foto:
Ich starre mich an und mein Ich starrt zurück.
Doch wer von uns beiden „IST" eigentlich?
Beseele ich dich oder beseelst du auch mich?
Wer von uns beiden ist nun das Ich?
Wer ist die leere Hülse des anderen?
Kannst du mich füllen, so wie ich dich erfülle?
Ich starre mich an und mein Ich starrt zurück.

Der Nameszug

Vollkommene Nostalgie. Benommen sitze ich
da und ihr kommt mir alle wieder nahe.
Wann ist es das letzte Mal, dass ich euch
sah, wirklich ansah ...

Wann war ich wirklich für euch da.
Welch ein Narr, wie traurig-bizarr,
wie ich werde mir, all dieser Menschen gewahr,
die mich sahen, wirklich ansahen.
Ich sie und sie mich, in einem herrlichen Anblick -
so viele Augenblicke -
die wir in unseren Herzen verwahren.

Auf ewig mit uns tragen.
Uns retten in der schwersten Lage.
Weshalb ich sage: „Danke!"

Ich nicht springe von der Planke.
Obwohl es erscheint ein doch so schöner Gedanke.
Wird er hinfort getrieben in seine Schranken.
Ich bin nicht mehr am Wanken und will erneut sagen: „Danke!"

Es zieht ein Gesicht
- nicht minder oft auch ein Gedicht
Gleich dem flimmernden Sonnenlicht,
dass durch die Baumkronen bricht
einen eignen Schein nach sich.
Ich lächele in mich und sehe dich!

Поезд имён

Идеальная ностальгия.
Ошеломленный, я сижу перед вами
и вы все верачеваетесь ко мне.
Когда был последний раз, когда я вас видел,
действительно увидел ...
Когда я действительно заботился о вас?

Какой дурак,

как грустно-странно,
Как я вдруг встревожен всеми этими людьми,
кторые видели меня, действительно увидели-меня.
Я её, да и она меняа, в прекрасном воспоминание
- вся эта память - которую мы храним в наших сердцах
и носи с нами вечные века.
Спасающея нас из нашего ежегодного кошмара,
защищая нас от ада.
И иза этого я говорю вам от всего сердца: «Спасибо!»
Я не спрыгиваю с доски,
в пустоту возможного преступления.

Хотя и кажется так приятно.
Но выясняется эта мысль опять назад!
Да и я больше не потрясен и хочу сказать обратно:
„Спасибо!"

Пролетают лица - также как и стихия -
так быстро вроде бы они становятся мерцающие лучи свет,
который пробивают себе путь
сквозь верхушние короны деревьей
и создают свой страстный вид.
Я улыбаюсь сам в глубине моей душе
и незаметно-замечаю:
тебя!

Ein Atemzug des Herbstes

Des Janus Antlitz zeigt sich:
Wärmes-Kälte pustet leicht um unsere Ohren.
Lässt uns zweifeln ob es Zeit wird für die Schützer,
oder nicht.

Kahl-Volle Bäume stehen uns in bunt-ehrwürdigen Glanz
bis hin zur nackt-herabwürdigenden Wahrheit gegenüber.
Lassen unsere Gedanken werden ebenso mal hell, mal trüb.

Der eine Baum dabei ist schon gebogen,
ganz von der Jahreslast gebrochen
- steht er vor mir.
Den Blick gesunken, gebrechlich, buckelig
- gleich einem Menschen:
denke und erkenne mich.
Dann erstreckst du dich
- direkt neben mir -
stolz, aufrecht, glücklich.

Ein Atemzug des Herbstes und schon ist wieder alles vorbei.

Die Fotografie

Schweigend sprichst du mich innigst an.
Kein Wort ist hier von Nöten.

Was du mir zeigst hat weder Wert noch sagt es viel.
Doch ist und bleibt es trotzdem ein schönes Bild.

Innere Fassade

Ein Spaziergang durch das Meer der Stadt:

Ich schlender vor mir her
und sehe ein Haus an's andere gekuschelt.
Eng gedrückt erstrahlt ihr Glanz von außen.
Schützend trotzen ihre Fassaden meinem Blick ins Innere.
Retouchieren die Makel, verstecken die Dunkelheit der Innenhöfe.
Werfen nur einen Schein, ein Abbild ihrer selbst doch auf.

Wie es wohl drinnen ist?

Ein Haus gleich dabei einem Menschen.
Lebt und wird belebt, geschaffen.
Verändert sich und wird verändert.
Die Farben blättern ab, Jahrzehnte rollen dran vorbei, es wird alt.
Zusammen mit den Menschen, die dort wohnen.
Sie ziehen ein und aus, gleich jenen Ideen in unserer aller Köpfe.
Ob es wohl eine schöne Treppe ist:
ein Aufstieg, steil, gewunden, ganz langsam?

Verschlossen stehen uns so viele Türen,
zu denen wir nur selten Zugang kriegen
und das Innenleben dieser Wunder wahrhaftig erleben
und vielleicht auch mal das Haus als ganzes sehen.
Den Menschen, der hinter all den Fassaden sich angewöhnt hat,
so etwas wie ein Leben zu pflegen.

Der Putz fällt ab, baufällig wird das Gerüst.
Immer wieder müssen wir uns renovieren.
Auch mal umziehen - uns selbst verschieben.
Das Haus neu modellieren, modernisieren
und manchmal nicht nur rekonstruieren,
sondern demolieren.

Ich schreite meine gewohnte Route ab, sehe eine Seitenstraße
- sollte ich heute reinschauen?

Weder Liebesgedicht, noch Poesie

Weder will ich an dich denken
Noch will ich dich sehen
Weder will ich dich verstehen
Noch will ich meine Liebe gestehen

Dein Gesicht, deine Augen, ein Blick - vergessen
Dein Mund, deine Lippen, ein Kuss - unberührt
Dein Busen, der Vorhof, ein Spiel - unangemessen
Deine Taille, dein Becken, ein Streicheln - unverführt

Deine Nähe kann ich nicht ausstehen - vergehen
Dein Charakter, all dein Humor
- erklingt nie wieder in meinem Ohr
Deine Umarmung ist längst gefroren - endlich verloren
Deine Liebe gestorben - kein tägliches morden

Keine Gefühle - noch Emotionen
Kein Empfinden - noch ein Phantom
Keine Erinnerung - noch Schatten
Keine Sehnsucht - noch Leidenschaft
Keine Träume - noch Alb
Keine Berührungen - noch Spüren
Kein Parfum - noch ein Geruch

Keine Lüge - noch Selbstbetrug

Eine Laune

Eine Laune überkommt mich.
Ich setze mich an den Schreibtisch, hole Blatt und Stift hervor und
beginne zu schreiben:

„Eine Laune überkommt ..."

Doch weiß ich noch nicht, zu was ich letztendlich kommen will.
Du schaust mir über die Schulter.
Still-schweigend sitze ich da und starre an, dieses Blatt. Ich schreib
den Gedanken doch nieder:

„... mich."

Immer noch nicht.
Schreibe ich eigentlich über „mich"?
Lächerlich - natürlich nicht!
Freilich, ich schreib ein Gedicht:

„Ich setze mich an den Schreibtisch, hole Blatt und Stift hervor
und beginne zu schreiben."

Fallen lassen

Ich lasse mich
In dich
Fallen
Schaue dir in deine
Augen
Baue es auf:
DAS
Vertrauen
- Sehe dein Gefallen -
Wie plötzlich wir
Uns gegenseitig
Verfallen
Gemeinsam unsere Nacht
Ausmalen
Lallen
Die Macht
Über uns selber verlieren
Uns im Anderen wiederfinden
Auseinander gehen
Uns kurz nicht wiedersehen
Du in den Armen eines Anderen
Scheinst kurz zu bestehen
Dich erneut nach mir zu sehnen
Mich zu quälen
Verlassen
Lasse ich mich
- in mich -
Fallen
Verfallen

Bleib so wie du bist

für S.

Perfektion zeigt sich durch seine Negation.
Du musst nicht perfekt sein.
Reichtum und Schönheit:
werdendes und vergängliches Maß.
Deine Seele hingegen leuchtet so rein
- verbrennt und löscht aus jener Dunkelheit,
die kennzeichnet die Untiefen des Seins'.

Freilich, mein Lichtschein: verweil', bleib,
denn du bist so vieler Leut' Heil.
Ein Leuchtfeuer, ein ewiges Licht in der Dunkelheit,
ein Hoffnungsschimmer,
wenn weit und breit nur kalte graue Wellen um
und in einem wogen.
Die Wärme, erreicht mich in den kältesten Tagen
- hält mich am Leben.
Entzündet, erhellt auch die kleine Flamme in mir
- so möchte ich dir: „Danke!" sagen dafür.
Für den Weg, für dein Sein
- mögest du einfach du selbst sein,
- dir eigens Treu bleiben!

Monsters in the dust

I hear a human voice
It screams - God, this nois!
Seems like it wouldn't have a choice
Am I dreaming?
I can hear the person breathing
Or is it just the death, who's calling
A wall of pain is overruling me How could this be?
Smell carrion, it's everywhere!
Around and inside me - May I am death?
„Is someone there?" - I try to say
Can't hear my voice
Again alone - I ,ve lost myself into the dust of monsters
I create - I built, but where's the exit?
How can I quit?

Monster der Dunkelheit

Ich höre diese Menschenstimme; wie Sie schreit -
Gott, dieses Geräusch!
Es scheint ganz so als ob
es keine Wahl hätte
Ich träume wohl.

Ich kann Sie atmen hören
Oder ist es nur der Tod, der ruft
Ein Schauer, gefolgt von tiefster Trauer überrollt mich
Wie kann das sein?

Ein Aasgeruch dringt mir in die Nase, es ist überall!
Um mich herum, in mir
- Vielleicht bin ich ja tot?
„Ist jemand da?"
- versuche ich zu fragen
Kann es kaum ertragen
                Stille
Höre meine eigene Stimme nicht
Erneut alleine - Ich verliere mich erneut
in der Dunkelheit meiner
                Monster
Ich habe Sie erschaffen - Ich bin ihr
Schöpfer, doch nicht ihr Ende!

Ein Teufelskreis, wohl ohne Ende.

Saudade

Saudade - Sehnsucht meiner tiefsten Seele!
Wie oft verfluchte ich dich?
Wie oft verfluchte ich mich?

Saudade - letzter Hoffnungsschimmer!
Wie oft sah ich die Welt verloren?
Wie oft sah ich den Untergang?

Saudade - unfühlsamer Schmerz!
Wie oft bin ich zerbrochen?
Wer blickt alles auf solche Knochen?

Saudade - du wirst nie vergehen!
Ein jeder kennt dies Sehnen.
Ein jeder will und kann sich doch nicht von dir trennen.

Saudade - Leben!
Wer würde nicht alles geben?
Wer würde nicht gerne anders leben?

Wenn das Herz lächelt

Die Welt zerbricht, was hat Bestand?
Ich sehe hinab - ich sehe nichts.
Ich sehe zurück - verliere mich.
Ich sehe vorwärts - finde dich.

Der immerwährende Regen in meiner Seelenhalle
- welch Heil, welch Qual.
Ziellos stampfe ich selbst durch meinen leeren Saal.
Einst lichtgeflutet
- voller Freude, einst sorgenlos - voll Tatendrang
sitze ich auf meinem Königsstuhle und blicke auf euch herab.
Ich sehe vorwärts - ich sehe dich.
Ich frage mich: „Was bist du nur für ein Geschöpf?"
Trete vor dich - erblicke dich.
Ja, dich!
Etwas zu sagen trau ich mich jedoch nicht.
Ich stehe da - du blickst mich an.
Mehr nicht, du lächelst und das Eis um meine Hallen schmilzt.
Sagst: „Hey, kenne ich dich?"
Ich vergaß, wie vergeßlich der Mensch doch ist.
Ich schweig, ich sehe, gestehe nicht - die Welt zerbricht.
Ein Funken bleibt, das Herz,
Es lächelt nun, in mich selbst hinein.

Ожидания

Для Г.

Я перед моим окном сижу
и в даль глубины моей гляжу
и всё рисую жизнь по новому
думаю что же я тебе скажу,
мечтаю как тебя снова увижу
цветами и душевной любовью задарю
улыбнусь да обниму
или лучше поцелую,
полюблю
и пустоте наконец-то избегу
и всё я жду, да жду
- а может быть и стих напишу
как я тебя всё ещё акараю
как я себе нашу встречу представляю и тебя не забываю

Erwartungen

Für G.

Ich sitze vor meinem Fenster,
Blicke in die Ferne meines Inneren
und zeichne alles wieder um
überlege: Sage ich es nun?
Träume wie ich dich wiedersehe
Mit Blumen und meiner Seelenliebe,
lächelnd in die Arme nehme
oder dir doch lieber einen Kuss gebe,
alte Gefühle wieder anrege
und mich von meiner inneren Leere trenne
uns sehe, erwarte
- vielleicht doch ein Gedicht
wie sehr ich dich begehre
und wie ich mir unser Treffen ausmale
und dich nicht vergesse.

Sehnsucht

Für L.

Die Beständigkeit der Erinnerung trägt deinen Namen.
Gespräche ziehen immer wieder in und an mir vorbei -
leer, und doch gefüllter als je, mit deinem Sein.
Dein Gesicht, dein Lächeln:
eine Freude, die mein Innerstes kurzfristig wärmt.

„Wie sehr wünsche ich mir dich her ...“

Die Schwere der Sehnsucht, das Verlangen der Nähe
- eines kurzen Treffens, ein einzelner Abend: wie früher ...
romantisch bei einem Wein und Kerzenschein
speisen und unterhalten wir uns.
Nach nichts mehr
- nach dieser Zeit sehnt es mein Herz unbeschreibbar ...
So sehr.

Umarmung

Meinen Blick zu Boden gerichtet
Stehe ich vor deiner Haustür
Die Kälte hier draußen ist nichts
im Vergleich zu dem Eissturm in mir
Die Wärme der Wohnung - nicht spürbar
Wortlos trete ich ein

Weiterhin den Blick meidend, nimmst du mich in den Arm
Und du hältst mich nur fest
Leise, ganz leise beginne ich zu weinen
und etwas lange zerbrochenes wird wieder heile

Das alleine durch diese Geste
- ein leichtes Zittern durchzieht meinen Körper
Ich kralle mich in dich
Und du hältst mich nur fest
Während ich falle
- versinke und mich nur noch mehr an dir festhalte
Die Zeit, der Boden, der Raum
- alles schwimmt im Schleier der Tränen
Alles verfließt und ganz langsam sprießt die Wärme erneut
- ich spüre die bitteren Tränen, die plötzlich nun brennen
Eine kleine Flamme lodert in meinem Herzen
Und du hältst mich nur fest
während ich Welten zerstöre
Und du hältst mich nur fest
während ich in deinen Armen zerfließe, mich verliere,
finde, nur um mich erneut zu verlieren ...

Und du hältst mich nur fest

Ende

Nichts hat ein Ende
Es verändert sich nur
Der Bezug transformiert sich
Umwelt: Natur, Tier, Insekten, Bakterien und wir

Verändern uns, diese Bewegung
Ist endlos, ihr liegt einzig
Die ewige Beständigkeit zugrunde

Die Angst, wenn das Sein vergeht
Und der Körper auch nicht mehr weiter besteht
Bedenke: etwas entsteht
Ein Kreislauf immer wieder gebrochen
Und dennoch niemals unterbrochen

Abschied

Eine Suche nach den richtigen Worten fängt an.
Sie lassen sich nicht finden, nur diese Leere setzt ein.
Noch ist es nicht Vergangenheit, noch ist es nicht vorbei ...

Du stehst vor dem Gleis
- frierst den Moment ein
Der Bahnhof wird leer
Ich stehe ganz alleine da
Lasse los
Sehe ich dich?
Der Bahnhof füllt sich
Lauter lächelnde Menschen
Auch du bist dabei
ziehst so wie alle langsam an mir vorbei
Die Menschenflut wird immer mehr,
die Gesichter verziehen, verzerren sich
Eine Erinnerung
- ein Gefühl,
bleibt

Bewegung um mich,
ich ströme mit der Masse hinein in den Zug
gedankenlos: leer
Die Last des Koffers gleicht einer Feder
Die Tiefe des Nichts, der Stille liegt schwer
Ein Schritt nach dem anderen:
der Fuß fällt, in Unendlichkeit endender Zeitlupe

Vorbei?

Ich steige aus und zugleich ein:
Die Hass-Liebe der Ungewissheit hat mich erreicht
Dennoch bin und bleibe ich niemals alleine,
die gemeinsame Zeit erscheint und füllt jene dunkle Leere,
Einsamkeit mit der welt-schönsten Gewissheit,

Herrlichkeit einer geteilten kleinen Ewigkeit.

Der Koffer gewinnt an Gewicht
Die Tiefe des Nichts, die Stille wird gefüllt,
überflutet von der Allmächtigkeit jener Erinnerungen
Füllt und erfüllt mich zugleich,
lässt mich schweben
in tiefster Zufriedenheit mit der Vergangenheit

Bewegung und Stillstand

Allee

```
                Straße
Baum Mensch             Baum
Baum                    Baum
Baum ich                Baum
Baum Mensch             Baum
Baum                    Baum
Baum Mensch             Baum
Baum            Hund    Baum
Baum                    Baum
Baum                    Baum
Baum                    Baum
Baum Mensch Kind        Baum
Baum Mensch             Baum
Baum                    Baum
Baum                    Baum
Baum du                 Baum
Baum                    Baum
Baum    er              Baum
Baum            sie     Baum
Baum                    Baum
Baum                    Baum
Baum Fahrradfahrer      Baum
Baum                    Baum
Baum                    Baum
Baum                    Baum
                Straße
```

Allee bei Nacht

```
            Straße
Baum                Baum
Baum                Baum
Laterne             Laterne
Baum                Baum
Baum  Schatten  Baum
Laterne    ich     Laterne
Baum                Baum
Baum                Baum
Laterne             Laterne
Baum                Baum
Baum  Straße    Baum
```

Boxing

Start:
See the movement of the partner
Move faster - come on ...
Left, left,   right.
She just jump out of the fight!
- all right!
    Stop!

Start:
I turn my side.
                Right, right,
left.
I hide.
What did she try? Come closer ...
Don't flee ... don't
    Stop!

Start:
Going down, d a n c i n g ,
a fakehit.
You get it!
    Aggressive:
LEFT, LEFT
and leaf with a
LEFT.
    Progressive:
Right, down
left, right.
    Yeah - now we are in a fight! Stop!

Start:
See the movement of the partner Move fa-
ster - come on ...

Boxen

Los:
Sehe die Bewegungen voraus
Komm schon, schneller – na los ...
Links, links,   rechts.
Wie Sie einfach wegzuckt - verrückt!
- bloß kein Druck!
Stop

Los:
Ich drehe mich. Verwirre dich!
                    Rechts, rechts,
links.
Untertauchen.
Was versucht Sie da? Komm schon etwas näher, näher, näher
ran...
Hau ja nicht ab ... Nein
Stop!

Los:
Untertauchen, t a n z e n,
antäuschen.
So langsam kriegst du's hin!
Aggressiv:
LINSK, LINKS
und zieh dich zurück ...
LINKS.
Progressiv:
Rechts, runter
links, rechts.
Yeah - jetzt fängt's erst an!
Stop!

Los:
Sehe die Bewegungen voraus
Komm schon,
schneller - na los ...

Kosmische Energien

Ein Wunsch manifestiert sich
Nimmt Gestalt an - freut mich
Doch es soll wohl anders kommen,
Denn unerwartet:
Ein Knall von links
- erschrocken -
Ein Schlag von oben
- Ein wenig Hilfe wird doch nötig -
Ein Schubs von Rechts
- letztes Aufbegehren -
Der Tiefschlag
- resigniertes Fügen -
Welch Macht doch einen in die Schranken weist
Auf ein ganz bestimmtes Gleis hinweist
und den anderen Weg legt auf's Eis

Ob's wohl was Gutes, oder Schlechtes verheißt?

Kosmos

Gleich einem Vogel - frei
formt sich beständig
die (Un-)Endlichkeit
zieht seinen Kreis

In sich schließt sich
die (Un-)Endlichkeit
Beständigkeit, durch die Vergänglichkeit

Gleich dem Leben
eines Phoenix
- verlischt die Kraft -
unserer Planeten

Doch ihr Sterben
wird sie retten
aus der alten Asche,
erhebt sich erst das neue Leben

Ein Leben geben
Die Geburt
Eine Reinkarnation
Ein Leben geben
Das Sterben verstehen

Der Weltenvogel fliegt,
vergeht, besteht und entsteht
aus seinem (un-)endlichen Kreis des Werden und Sein

Sogleich eine ähnliche Wahrscheinlichkeit
Für das kosmische,
Für unsere Lebensformen
Eine herrliche (Un-)Endlichkeit

Die Windstille der Seele

Alles kommt zur Ruhe
Stille kehrt ein
Die Bewegung hört auf
Alles sieht in sich hinein

Die Schönheit der Dunkelheit
Wenn alle Stimmen beginnen zu schweigen
- sich bündeln in diese eine:
das gemeinsame Schweigen.

Nichts sagend und zugleich alles ausdrückend:
in sich vereint.

Lappland

Schüttelnd, rüttelnd durchbricht der Bus den frisch
gefallenen Schnee. Zieht seine Spur nach sich - in mir -
und ich blicke aus dem Fenster.

Sehe wie die Scheinwerfer ein weißes Wunderland mir
offenbaren, gleich Augen schauen sie voraus und sehen
nur das was vor einem liegt: - kurz, magisch erscheint
ein See, dann wieder weißes Wunderland: die Tannen tief
gebeugt, so manche umgestürzt, von der Last des
Winters und doch Teil dieses Banns, in den es mich zieht.

Kein Rückblick - nur das Wissen, dass es weitergeht,
selbst wenn man fährt zurück.

Grenzlos und menschlos zeigt mir das Land erneut die
Freiheit und ich im Bus - gefangen, auf meiner
Odyssee!
Das Ziel bekannt - der Weg noch ungewiss.
Stellt sich die Frage: träume ich nun oder doch nicht.
Ich stelle fest - noch bin ich, ich oder auch nicht.

n n n

```
n n nn nn nn n n
n n n nn nn nn n
n n n nn nn nn n
n n n nn nn nn n
        n
nnnnnnnnnnnnnnnnnnn
        N
        N
nnnnnnnnnnnnnnnnnnn
        N
        N
n n nn nn nn n n
n n nn nn nn n n
n n nn nn nn n n
n n nn nn nn n n
```

89

Listen

Er, oder Sie:
Pro
Pro
Pro
Pro
    Contra
    Contra
    Contra
    Contra

Sie, oder Er:
    Contra
    Contra
    Contra
    Contra
    Contra
    Contra
Pro

Zerstückelt
Zerhackt
Schwarz
Oder
Weiß

Ein Dazwischen
- egal
Mensch, oder Zahl
Welch Wahl

Sie, oder Er:
Pro
Pro
Pro
Pro

Contra
Contra
Contra
Contra

Er, oder Sie:
Contra
Contra
Contra
Contra
Contra
Contra
Pro

Rational
Emotional

Eine Zahl
- Das menschliche Nebenbei

Perfomatives Gedicht II

Denke nach, schreibe
nieder: „Denke nach, schreibe."
Frage mich darauf:
„Ist das ein perfomatives
Gedicht?" - Schreibe auch dies mit auf.

Skileupen - die Eisenbahnschienen des Nordens

Gleich einer Eisenbahn, gelenkt, durchbreche ich das Land.
Bin gebunden und eben dadurch auch gezwungen, diesen
Weg zu wählen.
Einzelne Abzweige kann ich zwar nehmen, doch würde mir
das nicht so sehr bequem.
Ich lasse mir den Luxus einer Bahn nicht nehmen.
Auch wenn sie wird mir gewiss auch einen Teil der Freiheit
nehmen.
Wird sie mir einen anderen Blick auf das Land gewähren.
Ein Anblick, von dem sich lässt durchaus auch länger zehren.
Ein inneres Begehren - eine Sehnsucht steigt in mir herauf.
Durchbrochen der alltägliche Lauf!
Ein kleiner Seelenschmauß - der Genuss der frischen Luft,
das Land, wie es an mir vorbeizieht. Ich in Bewegung bin
und alles um mich stillzustehen scheint.
Das Leben - schweigt.
Ein einzelner Vogel streift vorbei und dann ist erneut alles
vorbei.
Der Weg zurück ins Heim - geknüpft an eine leichte
Wehmut, kurz verlasse ich die Spur.
Stemme mich gegen die Kultur - Suche tiefere Bindung zur
Natur.
Fahre schließlich doch zu Ende jene Tour und erneut
beginnt die tägliche Tortur.

Wasserschliere

Ich verliere den Blick, fokussiere
- versiere - nicht mehr die Stadt.
Da die Tropfen ziehen an meinem Fenster entlang.
Freilich, wie sie gegen und doch miteinander so
wundersam rangen.
Der eine wollte den anderen fangen und doch konnte
Keiner das ziellose Ziel erlangen.
Manch einer gewann aber auch indem er den anderen
verschlang und dennoch im Sonnenlichte zu einzelnen
Tropfen zerschwand.

Das Flugzeug - Boeing 737-800

```
        k
     c  p
   o       i
   c       t
```

Exit	Exit			
WC	WC			
ABC1	1DEF			
ABC2	2DEF			
ABC3	3DEF			
ABC4	4DEF			
ABC5	5DEF			
ABC6	6DEF			
ABC7	7DEF			
ABC8	8DEF			
ABC9	9DEF			
ABC10	10DEF			
ABC11	11DEF			
ABC12	12DEF			
ABC13	13DEF			
ABC14	14DEF			
ABC15	15DEF	F		
ABC16	16DEF	L	T	
ABC17Exit17DEF		U		
ABC18Exit18DEF		R	E	
ABC19	19DEF	B	G	
ABC20	20DEF	I		E
ABC21	21DEF	N		L
ABC22	22DEF	E		
ABC23	23DEF			
ABC24	24DEF			
ABC25	25DEF			
ABC26	26DEF			
ABC27	27DEF			

ABC28	28DEF
ABC29	29DEF
ABC30	30DEF
ABC31	31DEF
ABC32	32DEF
ABC33	33DEF
WC	WC
Exit	Exit

Flügel   Flügel

Turbine

Abgase

Moderne Kunst

Es geht nicht um Inhalte in der modernen Kunst

- SONDERN um die FORM -

```
W           W  I   EEEEE
W           W  I   E
W    W      W  I   EEEEE
  W  WW  W     I   E
    W      W   I   EEEEE
```

Man Inhalte darstellt

```
W                 W
  W               W
    W     W     W
      W  W  W  W
        W     W
```

```
            I
            I
            I
            I
            I
```

```
         EEEEE
         E
         EEEEE
         E
         EEEEE
```

Kunst geschaffen wird.

Pygmalion

Ich erschaffe dich
Kreiere zuerst deinen Kopf
Das Haar, ganz fein
- Ein Vers für ein Haar -
Und
- Ein Haar für einen Vers -
Steigere mich immer weiter, tiefer hinein
Zeichne die Augen, die Nase, den Mund.
Stunden, Tage, Wochen verfliegen wie Sekunden.

Ich blicke auf dich
Begehre, verehre und verzerre mich nach dir.
Forme den Busen, die Taillie, das Becken.
Prüfe, fahre mehrfach mit meiner Hand
ihren makellosen Körper entlang.

Ruhe nicht bis mir auch
die Arme,
Hände,
Beine,
Füße
gelangen.
Schlafe zu deinem Füßen ein.

Träume: wie du dich niederkniest
und mit deiner elfenbeingleichen Hand
in mein Haar fährst, mich sanft
auf meine eiskalten Lippen küssend
zum Tode verdammst

Und doch du lebst!

Selbstbildnis II

Was soll es sein?

Name:_____

Geschlecht
X Weiblich
Z Diverses
Y Männlich

Alter
1 ... 11 ... 111

Hautpigmentierung
333 maximal
33 eurozentristisch
3 minimal

Haarfarbe
4 blond
3 schwarz
2 rot
1 braun

Gesichtskonturen
kantig - unauffällig - fein
lieblich - neural - grimmig
hart - mittel - weich

Augen
...
blau
schwarz
braun
grün
grau
...

Form
...
schlank
athletisch
durchschnittlich
mollig
...

Herkunft
...
Kaiserlich
Elfe
Ork
Argonier
Khajiit
...

Vielleicht alles zugleich?

- Heute lebe ich ein anderes Dasein -
Doch was soll es Morgen sein?
Ein jeder kreiert sich selbst, sein Sein

The power of ten

1^{-7} - 1 000 ångstroms - double helix
1^{-6} - 1 micron - DNA
1^{-5} - 10 microns - white cell
1^{-4} - 100 microns - cell
1^{-3} - 1 millimeter - scin
1^{-2} - 1 centimeter
1^{-1} - 10 Centimeter - hand
1 Meter - child
1^{1} -10 Meter - grass field
10^{2} - 100 Meter - sprint distance
10^{3} - 1 000 Meter - 1 Kilometer - port
10^{4} - 10 000 Meter - 10 Kilometer - littel town
10^{5} - 100 000 Meter - 100 Kilometer - Sylt
10^{6} - 1 000 000 Meter - 1 000 Kilometer - Rügen
10^{7} - 10 000 000 Meter - 10 000 Kilometer - Cyprus

Inspriert durch den Film: Powers of Ten™ (1977)
https://www.youtube.com/watch?v=0fKBhvDjuy0 [zuletzt eingesehen am 12.05.2020].

10^3

0,00 000 000 000 000 000 1 – Atto
0,00 000 000 000 000 1 - Femto
0,00 000 000 000 1 - Pico
0,00 000 000 1 - Nano
0,00 000 1 - Mikro
0,00 1 - Milli
1
1 000 - Tausend
1 000 000 - Million
1 000 000 000 - Milliarde
1 000 000 000 000 - Billion
1 000 000 000 000 000 - Billiarde
1 000 000 000 000 000 000 - Trillion

oder

$1 \div (10)^{18}$ - Atto
$1 \div (10)^{15}$ - Femto
$1 \div (10)^{12}$ - Pico
$1 \div (10)^{9}$ - Nano
$1 \div (10)^{6}$ - Mikro
$1 \div (10)^{3}$ - Milli
$1 \div 1$
$1 \times (10)^{3}$ - Tausend
$1 \times (10)^{6}$ - Million
$1 \times (10)^{9}$ - Milliarde
$1 \times (10)^{12}$ - Billion
$1 \times (10)^{15}$ - Billiarde
$1 \times (10)^{18}$ - Trillion

10^3 (II)

0,00 000 000 000 000 000 1 - Atto
0,00 000 000 000 000 1 - Femto
0,00 000 000 000 1 - Pico
0,00 000 000 1 - Nano
0,00 000 1 - Mikro
0,00 1 - Milli
1
1 000 - Kilo
1 000 000 - Mega
1 000 000 000 - Giga
1 000 000 000 000 - Tera
1 000 000 000 000 000 - Peta
1 000 000 000 000 000 000 - Exa
oder

$1 \div (10)^{18}$ - Atto
$1 \div (10)^{15}$ - Femto
$1 \div (10)^{12}$ - Pico
$1 \div (10)^{9}$ - Nano
$1 \div (10)^{6}$ - Mikro
$1 \div (10)^{3}$ - Milli
$1 \div 1$
$1 \times (10)^{3}$ - Kilo
$1 \times (10)^{6}$ - Mega
$1 \times (10)^{9}$ - Giga
$1 \times (10)^{12}$ - Tera
$1 \times (10)^{15}$ - Peta
$1 \times (10)^{18}$ - Exa

Still loving you

19.20.9.12.12.
12.15.22.9.14.7.
25.15.21.

Liebe dich doch immer noch II

12.9.5.2.5.
4.9.3.8.
4.15.3.8.
9.13.13.5.18.
14.15.3.8.

И всё-таки я тебя люблю III

10.
3.19.7.-
20.1.12.10
33.
20.6.2.33.
13.32.2.13.32.

Danksagung

Der Dank gebührt so vielen Menschen, dass ich wahrscheinlich nicht alle hier auflisten kann. An erster Stelle sei Ihnen lieber Leser und liebe Leserin gedankt dafür, dass Sie sich für das Buch entschieden haben. Meine Hoffnung ist, dass Sie zumindest einige Gedichte finden konnten, die Sie ansprachen, in denen Sie sich wiederfinden konnten und in etwa verstehen, was ich in den Momenten sah. Vielleicht nahmen Sie das ein oder andere zuweilen mit einem Lächeln wahr.

Ein großes Lob und Dank gebührt meiner Familie, die mich in all meinen noch so unbestimmten Plänen unterstützt hat. Der Dank gilt ganz besonders meinen Eltern Axana und Alexander, meinem Bruder Vinzent und meinen Großeltern Valentina und Heinrich, die fast immer an mich glaubten. Nicht zu vergessen sind meine liebsten Freunde. Was würde ich bloß ohne euch machen, wahrscheinlich wäre der Band zu drei Viertel leer, ohne all die gemeinsam geteilten Momente, also auch euch mein herzlichster Dank Sebastian, Paulina, u.a.

Ein großes Dankeschön auch an meinem Verleger, das Team des Literaturpodiums und insbesondere Herrn Ferst, der durch seine unersetzliche Erfahrung das Werk immer weiter und weiter vorangebracht, verbessert und zu dem gemacht hat, was es heute ist.

Besonderer Dank geht an meine treuen Leser und Freunde. Euer Feedback hat viele dieser Gedichte stark beeinflusst. Ihr tragt nicht weniger als jeder andere zu diesem Werk bei! Vielen Dank für eure freundlichen Worte, für eure Vorschläge und insbesondere für eure konstruktive Kritik. Merlin, Lisa, der Dank gebührt euch.

Zahlreiche Momente, Auslandserfahrungen, Seminare, Vorlesungen, Fortbildungen – alles, woran ich irgendwie mit beteiligt war, floss auch mit in dieses Buch ein. Besten Dank den Professoren und Lehrkräften für eure Lehre und die zahlreichen Inspirationen.

Inhalt

Die Ganzheit

Eduard Preis, geboren 1994, studierte Geschichte, Germanistik, Philosophie und den Studiengang Kultur der technisch-wissenschaftlichen Welt. Parallel arbeitete er in verschiedenen Berufen, beteiligte sich an internationalen Projekten und erhielt mehrere Stipendien, die es ihm ermöglichten Auslandserfahrung zu sammeln. Er begann in jungen Jahren mit dem Dichten und veröffentlichte bereits in zahlreichen Anthologien. So erschienen in „Zum Klostergarten", „So sind die Tage noch ein Warten", „In der Blütenwelt flanieren", „Schwalben am Teichufer", „Glücklich sind jene, die wahre Freundschaft kennen", „Reiseträume erfüllen sich" und „Eine Tasse Tee genießen" bereits seine Gedichte. Nun bündelt er seine neusten und besten Gedichte in seinem hier vorgelegten Lyrikdebüt.

Kontakt: preis.eduard@hotmail.de

Jahre im September

Gedichte und Erzählungen

Marko Ferst

212 Seiten, Edition Zeitsprung, 2017

Über Ostseeinseln wie Öland und Usedom streifen die Gedichte. Sie führen in die schwedische Schärenstadt sowie nach Buchara, Samarkand oder in den Ural. Magische Ausflüge in die Natur und Tierwelt tauchen auf. Gedichte zu Musik, Literatur und Malerei reichern diesen Lyrikband an. Unter die Lupe genommen wird der Drang der Regierenden, uns mehr und mehr auszuspionieren. Kritik zieht das gescheiterte Afghanistan-Abenteuer auf sich, das syrische Totenfeld wird umrissen. In Bangladesch zeichnen sich weitere Landnahmen des Meeres ab, Wasserstände, die mit unserem verschwenderischen Lebensstil im Norden verbunden sind. Sondiert wird, warum unsere Zivilisation ökologisch zu scheitern droht, sich längst im Spätstadium befindet. In der Arktis zeigt sich, wie weit das Vorspiel zum Klimaumsturz schon gediehen ist. Spitzbergen archiviert unsere letzten genetischen Hoffnungen. Den Spuren und Abgründen einer mysteriösen Krankheit wird nachgegangen. Der Band enthält zwei Erzählungen - eine arktische Begegnung zwischen weißen Raubtieren und einen Blick in das sowjetische Speziallager Sachsenhausen.

Leseproben: www.umweltdebatte.de Bestellung: marko@ferst.de

Seltenes spüren

Gedichte

**Ulrich Grasnick, Elisabeth Hackel, Günter Kunert,
Marko Ferst, Dorothee Arndt, Charlotte Grasnick u.v.a.**

268 Seiten, Edition Zeitsprung, 2014

Erleben Sie den Inkafrühling in Peru. Versunkenen ägyptischen Schätzen wird nachgespürt. Monets Garten lädt ein und dem Duft einer französischen Bäckerei folgt ein Gedicht. Der Berliner Dom spiegelt sich nicht mehr im Palast. Zahlreiche surreale Gedichte enthält der Band, vereinzelt auch gereimte. Ein Besuch bei Heine steht an, versteckt liegt sein Denkmal. Den Szenarien der Krieger geht ein Lyriker auf den Grund, von weidwundem Land berichtet ein Gedicht für die Erde. Letzte Bienenwagen kommen in den Blick, Ausflüge führen ins Känguruland. Die Sonnenpost läßt uns Entfernungen vergessen. Der vorliegende Band ist eine Gedichtsammlung des Köpenicker Lyrikseminars und der Lesebühne der Kulturen Adlershof. Gäste wurden eingeladen. Grafiken von Dorothee Arndt illustrieren den Band. Das Lyrikseminar existiert seit 1975 und publizierte bereits mehrere Anthologien.

Leseproben: www.umweltdebatte.de
Bestellung: marko@ferst.de (dt. Porto frei)

Chips, Nippel und Abenteuer

Gedichte

Felix Martin Gutermuth

104 Seiten, 2020

Vagabundisches Leben, das Risiko als Lebensplan und der Späti als Schaltstelle der Nacht. Felix Martin Gutermuth zelebriert ungeschönte Momentaufnahmen, zeigt die Narben, denen nicht zu entkommen ist, sobald Konventionen keinen Halt mehr bieten. Wie die Liebe mäandert, zeichnet er nach, läßt erotischen Abenteuern ihre Faszination, zeigt Fallstricke. Noch nach Jahren steht er im Bann einer früheren Liebe. Seine klaren und unverstellten Gedichte geben Einblicke in großstädtische Atmosphäre, blenden ein, was andere ausblenden. Oft bewegt er sich in Berlin-Neukölln, nach Paris und Mallorca führen ihn seine Wege. Doch alles bleibt ungewiss im Wendekreis des Krebses.

Leseprobe, Inhalt: www.literaturpodidum.de
Kontakt und bestellen: felixmartingutermuth@gmx.de

Die Jungfrau aus dem Norden

Gedichte

Rainer Daus

124 Seiten, 2019

Die Gedichte handeln von Liebe, der Sehnsucht nach einem ersten Kuss, Sexualität. Es geht um die ganze Bandbreite dessen, was unser Dasein ausmacht im Kern. Ebenso leuchtet der Autor Sterben und Leid aus, weicht mit seiner Sicht nicht zurück, wenn Mord und Terror von sich reden machen. Kurzum: Die hier vorgelegten Gedichte sind in Versform gegossene Konzentrate aus Leben, Welt und Erfahrung. Reimlose, moderne Lyrik ist es, wie man sie unter anderem von Charles Bukowski her kennt oder dem frühen Gottfried Benn. Zynisch, sarkastisch oder brutal zuweilen im Ton, oft aber auch mit einer zärtlichen Spur. Die thematische Varianz der Gedichte ist hoch, sie sind auf Verständnis hin ausgelotet, die Kraft der Bilder immer im Blick.

Leseprobe, Inhalt: www.literaturpodidum.de
Kontakt und bestellen: daus.r@t-online.de